Un espejo y...
¡acción!

DESCUBRE QUÉ
RASGOS PUEDES
RESALTAR O
DISIMULAR CON
UN MAQUILLAJE
PROFESIONAL

Autora: Marta Guillén Muñoz

Coordinación editorial: Rosa Iglesias
Edición: Equipo Rojo de Fassi

Corrección: Belén Martín

Ilustración: Rubén Alcocer

Ilustración de cubierta: Ximena Maier

Diseño de cubierta: D.G. Gallego y Asociados, S.L.

Diseño y maquetación: PeiPe, S.L.

ISBN: 978-84-938725-0-2
Depósito Legal: M-17837-2011
Impresión: Gráficas Monterreina

Un espejo y...
¡acción!

DESCUBRE QUÉ
RASGOS PUEDES
RESALTAR O
DISIMULAR CON
UN MAQUILLAJE
PROFESIONAL

Índice

OBJETIVO: POTENCIAR TU BELLEZA NATURAL

> TODAS LAS MUJERES SE PREOCUPAN, EN MAYOR O MENOR MEDIDA, DE SU IMAGEN.
LA ELECCIÓN DE LA ROPA, LOS ACCESORIOS Y EL PEINADO, EL CUIDADO DE LA PIEL,
Y LA APLICACIÓN DE UN CORRECTO MAQUILLAJE SEGÚN LA EDAD, EL ROSTRO,
LA OCASIÓN O EL MOMENTO DEL DÍA, SON ALGUNOS DE LOS ASPECTOS RELACIONADOS
CON LA BELLEZA A LOS QUE DEDICA ESPECIAL ATENCIÓN LA MUJER ACTUAL.

CUIDARSE está de moda ahora más que nunca. Es una tendencia que capta adeptos más allá del universo femenino, y que no para de crecer.

Te ayudamos a que cada día te gustes más frente al espejo sacando el máximo partido a tu belleza natural.

La aplicación de un correcto maquillaje potencia los aspectos más positivos de cada rostro y proyecta, en consecuencia, una imagen atractiva y bella. La belleza no depende únicamente de tener unos rasgos perfectos; es reflejo de una actitud positiva ante la vida y de la confianza que cada una tenemos en nosotras mismas. Cada rostro es bello en su particularidad e individualidad.

9

A través del maquillaje podemos resaltar el atractivo de un rostro, disimular o corregir imperfecciones o rasgos menos armoniosos, e incluso proyectar nuestra personalidad.

Pero hay que ser precisos para lograr un maquillaje profesional, pues si lo realizamos mal causaría un efecto que nada tendría que ver con el deseado. Es importante emplear las técnicas y herramientas profesionales y conocer los efectos que pueden causar los colores para potenciar lo mejor de cada rostro.

Tómate el tiempo que necesites para analizar con detenimiento la forma y proporción que guardan tus facciones. Solo así averiguarás cómo destacar tu atractivo.

CÓMO SABER QUÉ PUEDES DISIMULAR O RESALTAR

Puedes analizar tu rostro si observas dos planos del óvalo:

HORIZONTAL

> Divide el rostro en tres partes:

- Desde la implantación del cabello hasta la raíz de la nariz.
- Desde la raíz de la nariz hasta su base.
- Desde la base de la nariz hasta la punta del mentón.

> La distancia entre ellas debe ser igual. Si una predomina sobre otra, el maquillaje te ayudará a corregir la asimetría.

2

VERTICAL

> Divide el rostro en dos mitades simétricas.

> Elige la más atractiva.

> El maquillaje te servirá para aportar más simetría al lado que desees corregir.

Recuerda

1. Conseguirás un acabado perfecto en maquillaje si observas detenidamente la fisonomía de tu rostro.

2. El objetivo no es que transformes tu morfología, sino que mejores el aspecto de tu rostro corrigiendo pequeñas imperfecciones o asimetrías.

3. Belleza y perfección no son sinónimos.

4. No trates de perseguir el ideal de belleza: tu singularidad te hace bella.

5. El maquillaje será tu aliado para potenciar tus rasgos más favorecedores y disimular tus facciones menos equilibradas.

ASPECTOS CLAVES PARA UN MAQUILLAJE 10

> EL MAQUILLAJE DEBE ADAPTARSE A TI Y A LA SITUACIÓN EN LA QUE TE ENCUENTRES.
ES FUNDAMENTAL TENER EN CUENTA UNA SERIE DE ASPECTOS PARA QUE EL MAQUILLAJE
TE HAGA BRILLAR COMO UNA ESTRELLA: EL TIPO DE PIEL, LA EDAD, EL ESTILO
Y LA PERSONALIDAD, EL COLOR DEL CABELLO Y DE LOS OJOS, LA OCASIÓN
O TIPO DE CITA QUE TENGAS Y LA CANTIDAD DE LUZ QUE ALUMBRARÁ TU MAQUILLAJE,
DEPENDIENDO DE SI LO VAS A LUCIR DE DÍA O DE NOCHE.

¿CENA con amigos, fiesta de fin de año o ceremonia de gala?, ¿piel seca o grasa?, ¿18 o 30 años?, ¿estilo sofisticado o natural?, ¿noche o día?, ¿tez blanca o morena?, ¿ojos oscuros o claros?...

El día de tu boda no puedes maquillarte como lo haces a diario para ir a trabajar, o como cuando sales de fiesta con los amigos.

La ocasión, el tipo de cita y el momento del día son claves para optar por uno u otro tipo de maquillaje. También es importante que te maquilles teniendo en cuenta tu edad y tus peculiaridades físicas.

Deberás plantearte una serie de cuestiones para no apostar por el maquillaje equivocado. Tus respuestas serán claves para optar por el maquillaje que más irá contigo, según tus características físicas naturales y la ocasión o tipo de cita que tengas ese día.

El maquillaje te favorecerá siempre que consideres los siguientes aspectos:

TIPO DE PIEL
Tanto las técnicas de preparación de la piel como los productos cosméticos deben ser adecuados para cada tipo de piel, con el fin de obtener el mejor aspecto.

1° limpieza

2° hidratación

2

EDAD
Maquíllate según tu edad. Tendrás que tener en cuenta que los maquillajes recargados o el exceso de polvos matificantes provocan un aspecto envejecido.

¡¡huye del efecto máscara!¡

3

ESTILO PERSONAL

Cada mujer es única: deportiva, natural,
sofisticada, clásica, moderna, extrovertida,
introvertida… Deberás identificarte y sentirte
cómoda con el maquillaje que luzcas, pues
este muestra rasgos de tu personalidad.
Los maquillajes atrevidos conectarán más
con mujeres extrovertidas; los naturales
y sencillos, con aquellas que sean más tímidas e introvertidas.

4

OCASIÓN

Según el por qué te maquillas, así será
la técnica, el color y los productos que
emplearás. Si en tus planes hay boda a la vista,
ese día no te maquillarás igual que cuando
vas a trabajar o cuando acudes a una fiesta
de fin de año. La indumentaria para cada
ocasión es diferente, así como las necesidades
de permanencia, corrección o dramatización
del maquillaje. De la misma manera, según cual
sea tu trabajo, las necesidades de maquillaje serán distintas.

5)

MOMENTO DEL DÍA

Durante el día, tu maquillaje deberá ser más natural, pues la luz solar muestra todos los productos y las correcciones realizadas sobre cada facción del rostro.

Durante la noche podrás emplear productos más densos y marcar más los rasgos para que se observen nítidos bajo la luz eléctrica.

TU COLOR

Es muy importante valorar el color de tu piel, tus ojos, tu pelo, tus cejas, incluso tus labios. Cada uno de estos elementos aporta matices al conjunto del rostro y limita el uso de los colores a escoger para obtener un resultado favorecedor.

Recuerda

1. Es importante que siempre prepares tu piel antes de maquillarte, usando los productos que mejor se adapten a sus características.

2. Huye del efecto máscara, te hará parecer más mayor.

3. No olvides tu personalidad; el maquillaje también habla de ti.

4. Primero piensa dónde irás y maquíllate como requiere la ocasión o cita.

5. La luz aportará el acabado final a tu maquillaje. Es clave que tengas en cuenta cuando lo lucirás, si de día o de noche.

6. De la paleta de colores, escoge para maquillarte los que mejor vayan con tu piel, ojos, cejas, e incluso labios.

RELIEVE FACIAL.
TU ROSTRO
ES ÚNICO

> Tenemos características físicas que son personales y únicas.
El rostro no es una superficie plana sino llena de volúmenes, que varían
según la estructura morfológica de cada persona. Tu frente, nariz y mentón,
incluso tus ojos y tus labios aportan relieves, más o menos armoniosos.
El maquillaje resulta útil para disimular rasgos muy desproporcionados
o asimétricos y resaltar aquellas facciones que potencian tu atractivo.

CUANDO te maquilles no debes "pintarte" como si tu rostro
fuera un lienzo en dos dimensiones. Es un error obviar
que nuestras facciones son tridimensionales.

El rostro presenta relieves que producen sombras,
como las órbitas de los ojos, o que reflejan la luz, como la frente.
Sea cual sea el producto que apliques para tu maquillaje,
es importante que quede bien difuminado e integrado
con el tono de tu piel para que tenga un aspecto natural
y evitar las líneas de corte.

> Si deseas lograr un maquillaje natural y transparente es mejor que emplees texturas en polvo aplicadas de manera sutil con una brocha; en el caso de que quieras conseguir un maquillaje más elaborado y artificioso es conveniente el empleo de texturas más cubrientes, como las que aportan los productos compactos o incluso los lápices.

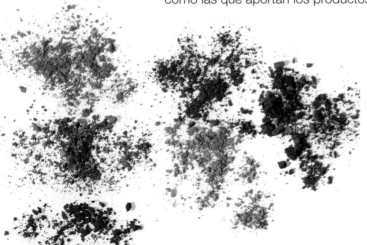

TÉCNICAS Y PRODUCTOS

Tal y como hacen los profesionales de
la belleza, puedes modelar el rostro a base
de claroscuros mediante diversas técnicas, entre ellas:

> El uso de productos correctores bajo el maquillaje.

> El empleo de maquillajes compactos
bajo o sobre la base de maquillaje.

> La utilización de tonos diferentes de base de maquillaje.

> La aplicación de polvos claros
y oscuros sobre el maquillaje.

La elección de cada técnica y de los productos
a emplear dependerá del maquillaje
que quieras conseguir.

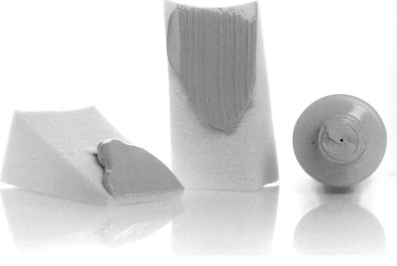

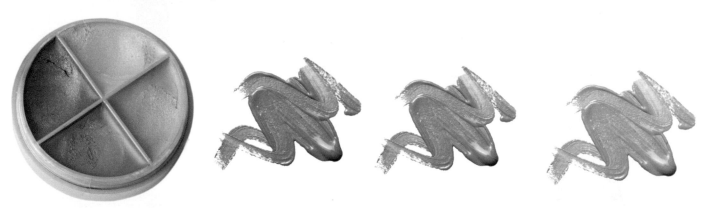

LUCES Y SOMBRAS

Con el maquillaje podrás simular luces y sombras mediante el empleo de tonos claros y oscuros.
Así conseguirás marcar y destacar determinados rasgos que ayudarán a potenciar tu belleza natural.

[minimiza] Las tonalidades oscuras restan relieve o hunden determinadas zonas. Puedes emplearlas para definir pómulos, sienes, un doble mentón, los laterales de la nariz, los pliegues de los párpados, etc.

[destaca] Las tonalidades claras realzan, por lo que son ideales para aplicar en la zona superior del pómulo, el arco superciliar, la mejilla, la clavícula, la curva del pecho, etc.

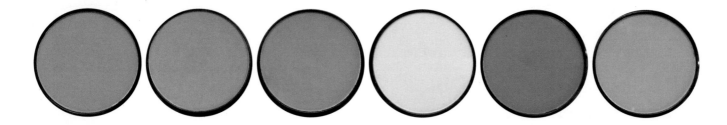

Recuerda

1. Tu rostro tiene volúmenes que le otorgan un aspecto único, y que crean luces y sombras.

2. Te convertirás en toda una profesional del maquillaje si logras emplearlo para potenciar alguno de tus rasgos y minimizar otros que no te resultan tan favorecedores.

3. La técnica del claroscuro te resultará muy eficaz cuando quieras modelar tu rostro.

4. Maquillaje perfecto: maquillaje que no se nota, maquillaje natural. Sé prudente, evita las líneas de corte.

5. Los colores oscuros crean sombras, restan relieve o hunden determinadas zonas del rostro.

6. Los colores claros resaltan y aportan volumen.

¿QUÉ ÓVALO TIENE TU ROSTRO?

> EL ÓVALO, FORMA EXTERIOR DEL ROSTRO, PUEDE PRESENTAR UNA GRAN VARIEDAD
DE APARIENCIAS. LOS MAQUILLADORES DE HOLLYWOOD ESTABLECIERON SIETE FORMAS
DISTINTAS PARA ENCUADRARLOS, A TRAVÉS DE LA CLASIFICACIÓN WESTMORE.
DESCUBRE EN LAS SIGUIENTES PÁGINAS CON QUÉ TIPO TE IDENTIFICAS.

LAS características morfológicas de cada persona están determinadas por diversos factores:

> La herencia.
> La raza.
> La estructura y disposición de los músculos y huesos.
> La edad.
> El tipo de vida y los aspectos psicológicos.

La diversidad de rostros es extremadamente amplia, por lo que es necesario simplificar los diferentes tipos para señalar cómo resaltar determinados rasgos y cómo disimular otros en cada caso.

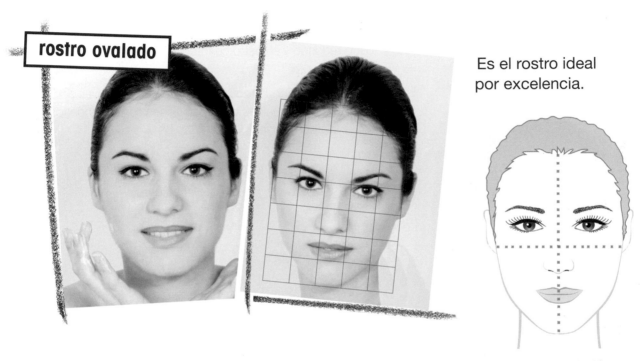

rostro ovalado

Es el rostro ideal
por excelencia.

Su forma es similar a la de un huevo, con predominio del eje vertical frente al horizontal en una relación proporcionada. Las mejillas dominan el contorno y la frente es ligeramente más ancha que las mandíbulas. Presenta líneas armónicas y equilibradas.

Si haces caso de los cánones clásicos, las proporciones armónicas del rostro, observándolo de frente, son de 7 medidas de alto por 5 medidas de ancho. Cada una de estas medidas corresponde a la del ancho de un ojo abierto.

Pueden clasificarse en dos grandes grupos: anchos y estrechos, si se toman como referencia dos ejes imaginarios –uno horizontal y otro vertical– así como la relación que se establece entre ellos.

Rostros anchos

En un rostro ancho, los ejes vertical y horizontal son prácticamente iguales. Existen dos tipos: el rostro redondo y el rostro cuadrado.

rostro redondo

Los contornos son redondeados, generalmente los relieves son poco prominentes, y las líneas de las facciones son redondeadas y con frecuencia pequeñas.

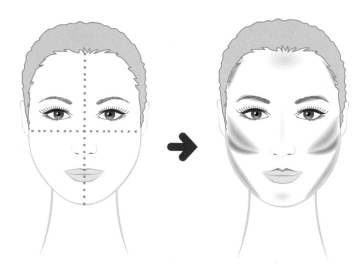

Si deseas corregir su forma con maquillaje deberás estrecharlo marcando líneas verticales que ayuden a crear un efecto óptico de alargamiento. Define tus cejas, ojos y el trazo del colorete en sentido oblicuo ascendente, y evita las líneas horizontales o redondeadas.

Con las correcciones de maquillaje a base de claros y oscuros podrás crear mayor relieve, pues esta técnica permite estilizar los rasgos y afinar las formas redondeadas del contorno facial.

rostro cuadrado

Es también un rostro ancho pero a diferencia con el redondo, sus contornos son más angulosos y con mayor relieve. La frente y el maxilar tienen una anchura similar, así como la zona media. Las cejas suelen presentarse espesas y horizontales, y suelen acompañarse de una boca grande.

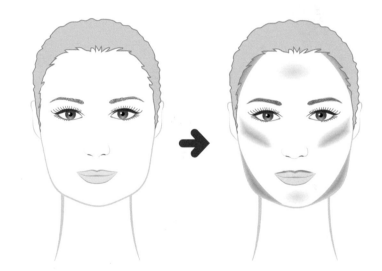

Si tu rostro se encuadra en este tipo de óvalo podrás seguir los consejos de maquillaje que anteriormente se han expuesto para el rostro redondo. Para suavizar los rasgos cuadrados podrás redondear ligeramente las líneas del contorno empleando la técnica del claroscuro.

Rostros estrechos

En este tipo de rostro se da un claro predominio del eje vertical sobre el horizontal. Los rostros con este óvalo pueden ser: alargados o rectangulares.

rostro alargado u oblongo

Si tu frente es larga y estrecha, tienes los pómulos altos, la mandíbula estrecha y el mentón alargado, tu rostro encajará en esta tipología.

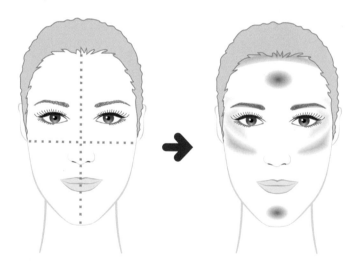

El maquillaje puede servirte para ensanchar el rostro. Deberás emplear líneas horizontales en cejas, ojos y colorete para corregir la forma alargada.

Te resultará muy eficaz crear puntos de luz para aportar amplitud a la zona central. Por el contrario, deberás aplicar sombras en los extremos superior e inferior de la frente y la barbilla, respectivamente, para lograr acortar ópticamente el óvalo.

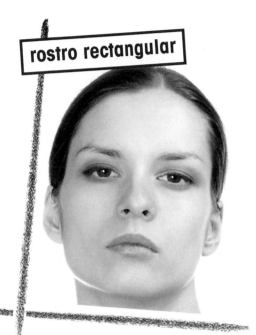

rostro rectangular

Es un rostro estrecho y alargado pero sus contornos son más angulosos.

Si tu rostro se encuadra en este tipo de óvalo podrás seguir los consejos de maquillaje que anteriormente se han expuesto para el rostro alargado.

Además, deberás suavizar los ángulos mediante el empleo de líneas ligeramente redondeadas.

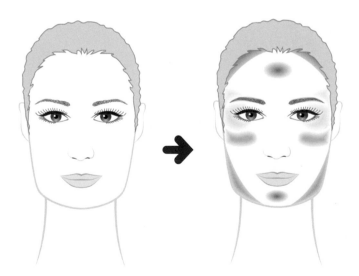

Rostros mixtos y combinados

Si tu óvalo combina zonas anchas y estrechas, angulosas o redondeadas, se encuadrará, en términos generales, en el grupo de los rostros hexagonales o en el de los triangulares. Los triangulares, a su vez, tienen una variante: el rostro de triángulo invertido.

Tendrás que intentar ensanchar las zonas estrechas mediante tonos claros y líneas horizontales, y estrechar las más anchas con líneas ascendentes y tonalidades oscuras.

rostro hexagonal

Su principal singularidad es la anchura de los pómulos, que destacan sobre una frente y una mandíbula más estrechas. Generalmente, el mentón es algo alargado, las facciones angulosas y los ojos tienen forma ascendente.

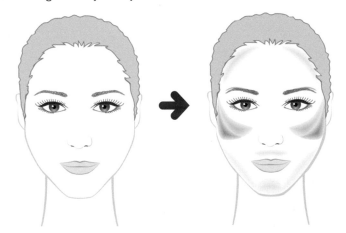

Los colores claros sobre la frente y la mandíbula servirán para aumentar el protagonismo de estas zonas.

Es recomendable que evites las sombras por debajo de los pómulos y que marques las líneas de los ojos y de las cejas de forma ascendente para conseguir mayor amplitud en la zona frontal.

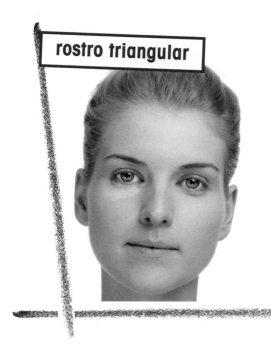

rostro triangular

Si en tu óvalo destaca una mandíbula ancha con un mentón recto no habrá duda de que tu rostro encaja en esta tipología. Esta característica se acompaña de una frente estrecha, y los rasgos en conjunto hacen que las facciones tengan el aspecto de un triángulo. Este tipo de rostro puede tener facciones angulosas o bien redondeadas.

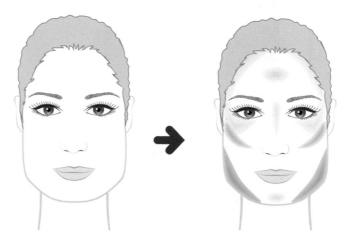

Debes oscurecer la zona del mentón y aclarar la frente.

También puedes sombrear bajo el pómulo para aportar mayor protagonismo a los ojos y ampliar el aspecto de la zona superior.

Asimismo, si separas las cejas ligeramente y las corriges exagerando su ascendencia conseguirás ampliar aún más la zona superior.

rostro triangular invertido

En esta categoría se encuadran los rostros que presentan una frente ancha, una mandíbula estrecha y un mentón frecuentemente alargado. Es muy común que los ojos tengan forma descendente. Las facciones pueden ser tanto redondeadas como angulosas.

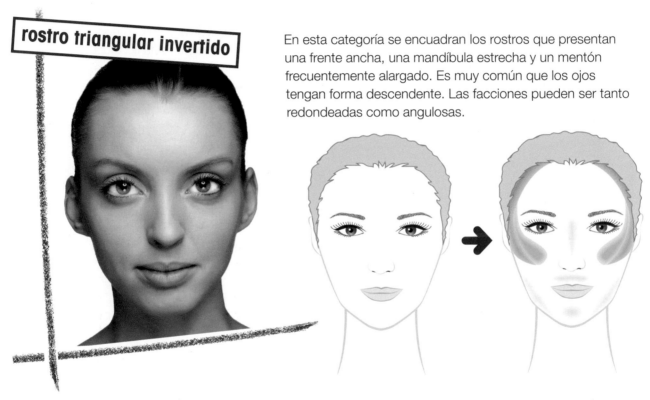

Deberás maquillarte los ojos trazando líneas y sombras de forma ascendente.

Si consigues acercar ligeramente las cejas al centro, lograrás potenciar la verticalidad para no aumentar el tamaño visual de la zona.

Para compensar el mentón y ampliar visualmente su tamaño deberás aclarar esta zona.

Recuerda

1. La diversidad de rostros se simplifica, atendiendo a la forma del óvalo, en los siguientes tipos: ovalado, redondo, cuadrado, alargado, rectangular, hexagonal, triangular o triangular invertido.

2. El rostro ideal por excelencia es el ovalado.

3. Traza dos ejes imaginarios que crucen el centro de tu rostro, uno vertical y otro horizontal, y estudia la proporción que se da entre ellos. Así averiguarás si tu óvalo es ancho o estrecho.

4. Los rostros, anchos o estrechos, pueden tener, a su vez, facciones redondeadas o angulosas.

5. La aplicación del colorete o la forma en cómo te maquilles las cejas te ayudarán a ensanchar o alargar tu rostro.

6. La técnica del claroscuro te servirá para ampliar o minimizar determinadas zonas.

DE FRENTE
CON EQUILIBRIO

> La armonía del rostro depende del conjunto de los elementos que lo componen, entre ellos la frente. Tendrás que tener en cuenta su forma y proporción y la relación de esta con el resto de tus rasgos faciales. Por tamaño y altura, la variedad de formas se resume en cuatro tipos: ancha, alta, baja y estrecha. Si te fijas en su perfil, y observas su forma y proporción, podrá ser recta, retraída o abombada.

EL maquillaje te ayudará a conseguir el equilibrio de formas
y proporciones si empleas los trucos de un profesional
de la belleza. Pero también puedes utilizar otros recursos.
El pelo, por ejemplo, puede ayudarte a corregir o disimular
ciertos rasgos y a resaltar otros. La disposición y el volumen
del peinado es el recurso más fácil y eficaz para equilibrar
la proporción de la frente y resaltar otros ángulos del rostro.

Fíjate muy bien en la morfología de tu frente; después, decide
el corte de pelo que más te favorezca; por último, aplica los trucos
de maquillaje con la técnica del claroscuro. Si es el rasgo que
menos te gusta de ti, y quieres disimularla, seguro que lo lograrás.

De frente

La siguiente clasificación te ayudará a identificar y corregir la forma de tu frente.

FRENTE ANCHA Y FRENTE ALTA

Cuando observes tu frente ten en cuenta dos aspectos: su amplitud y su altura. Puede ser ancha en su eje horizontal y estrecha en el vertical, y al revés, estrecharse a ambos lados y tener mayor amplitud en la zona central. Podrás disimular con maquillaje su aspecto cuando el tamaño de la frente resulte poco armonioso.

frente ancha

Si su eje horizontal es amplio tu frente corresponderá a esta tipología.

Lograrás mejorar su proporción aplicando tonalidades oscuras de maquillaje en ambos laterales de la frente.

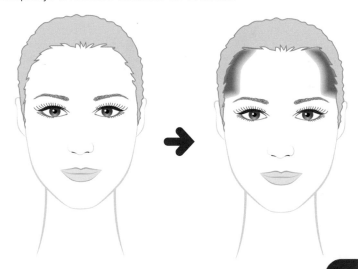

frente alta

Si su eje vertical es amplio tu frente corresponderá a esta tipología.

Si aplicas tonos oscuros de maquillaje en el nacimiento del cabello conseguirás disimular su proporción.

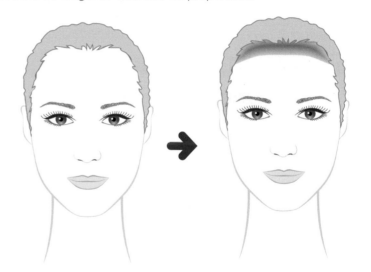

[trucos que combinan] Si tu frente es amplia en sus dos ejes, el horizontal y el vertical, podrás combinar ambos trucos: aplica tonos oscuros en los laterales y en la parte superior.

FRENTE BAJA Y FRENTE ESTRECHA

Tendrás que observar tu frente atendiendo a si tiene poca altura en el eje central o poca amplitud en el horizontal.

frente baja

Tendrás una frente baja si esta se estrecha en el eje vertical pero es amplia o normal en el horizontal.

Para disimular su poca altura podrás aplicar tonos claros en el nacimiento del cabello o, si lo prefieres, en toda su superficie.

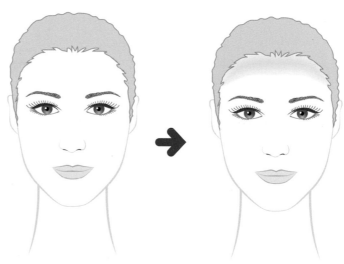

frente estrecha

Tu frente se corresponderá con esta tipología si se estrecha en el eje horizontal pero es amplia o normal en el vertical.

Deberás aclarar los laterales de la frente; puedes extender la aplicación de tonos claros por encima de las cejas y alrededor de los ojos para ganar protagonismo en la zona superior.

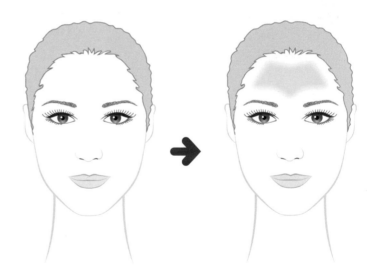

De perfil

frente retraída

En una frente retraída tendrás que aportar relieve.

Lo conseguirás si aplicas en el centro un tono un poco más claro.

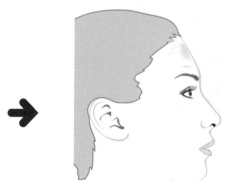

frente abombada

En una frente abombada, todo lo contrario:
restarás relieve si aplicas un tono oscuro en el centro
y lo difuminas sobre la zona central.

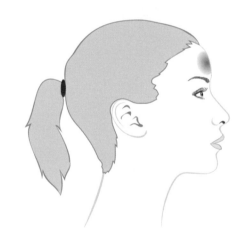

Recuerda

1. Ten en cuenta la forma de tu frente y la proporción que guarda con el resto de tus rasgos para lograr que armonice y no desentone.

2. La amplitud y la altura de tu frente marcarán su tipología y el equilibrio que existe entre ella y el conjunto de tu rostro.

3. Los recursos que te ofrece el maquillaje para embellecer tu frente se complementan de manera perfecta con una acertada disposición de tu cabello.

4. La técnica del claroscuro te resultará muy útil para compensar frentes muy anchas o muy estrechas, demasiado bajas o excesivamente altas.

5. Otorgar armonía y proporción a tu frente no significa que tengas que aplicar sombras y luces demasiado exageradas.

6. La clave es otorgar más protagonismo a otras facciones del rostro para que la atención no se fije tanto en una frente poco equilibrada.

TU NARIZ,
EN CONSONANCIA

> LA APLICACIÓN DE UN MAQUILLAJE DE CALIDAD TE AYUDARÁ A CORREGIR
CIERTOS RASGOS DE TU FISONOMÍA QUE POR SUS CARACTERÍSTICAS
NO SON PROPORCIONALES AL RESTO DE LOS ELEMENTOS QUE INTEGRAN TU ROSTRO.
UNO DE ESTOS RASGOS ES LA NARIZ, QUE PUEDE SER LARGA O CORTA, SEGÚN SU
LONGITUD; GRANDE O PEQUEÑA, SEGÚN SU TAMAÑO; Y ANCHA, ESTRECHA, O TORCIDA,
SEGÚN SU FORMA. SI LA OBSERVAS DE PERFIL, SERÁ RECTA, AGUILEÑA O RESPINGONA.

A veces llama mucho la atención, todas las miradas se fijan en ella; en otras ocasiones casi no se percibe. Lograrás que tu nariz no desentone en tu rostro si aplicas trucos profesionales de maquillaje basados en la técnica del claroscuro. Conseguirás que se perciba menos exagerada o que tenga más protagonismo.

Además, para disimular una nariz que no está en armonía con tu rostro, podrán resultarte útiles otros recursos como, por ejemplo, restar importancia a la nariz desviando la atención hacia zonas de tu rostro que sean atractivas, o modificar la forma de las cejas o los labios, elementos que influyen en la percepción de la nariz.

Fíjate en la clasificación por tipos de nariz y toma nota de qué hacer para lograr un aspecto más favorecedor en cada caso. ¡Te sorprenderá el resultado!

nariz larga

Para acortarla, aplica en su base una sombra oscura que disimule su longitud. Procura que la sombra se difumine hacia arriba hasta que hayas conseguido el efecto deseado.

Si, además, te aplicas los coloretes en horizontal, el resultado será mucho más perceptible.

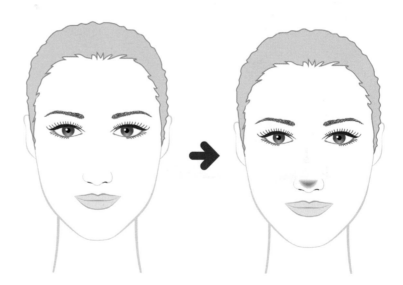

55

nariz corta

Solo tendrás que aplicar unos tonos claros en su base para conseguir la sensación óptica de alargamiento.

Extiende el colorete de manera ascendente.
De este modo, aumentarás la sensación de longitud en la zona media de tu rostro.

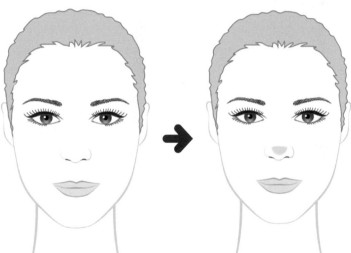

nariz grande

Podrás disimularla si aplicas tonos oscuros en los laterales y aclaras la zona central.

Haz que tus mejillas le roben protagonismo aplicando sobre ellas un tono muy vivo.

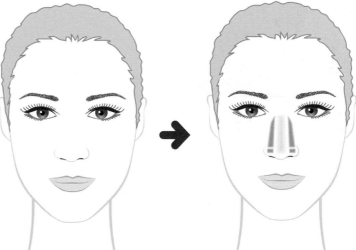

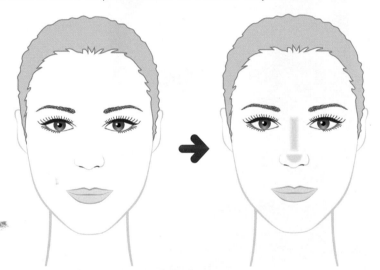

nariz pequeña

Será suficiente para darle más visibilidad si aplicas en toda la nariz un tono más claro que el que empleaste como fondo de maquillaje.

En las mejillas huye de colores impactantes que escondan aún más tu nariz; emplea un tono de colorete muy natural.

[**trucos útiles**]

• Si tu nariz es corta, aplícate el colorete de forma ascendente. Si es larga, hazlo en horizontal.

• Si es grande, utiliza un colorete con tonalidad intensa que llame la atención hacia tus mejillas.

• Si es pequeña, emplea un tono discreto para que tus pómulos no le resten protagonismo.

• Si su forma es ancha, acerca el nacimiento de tus cejas; si es estrecha, sepáralo ligeramente.

nariz ancha

Para afinar su línea deberás aplicar tonalidades oscuras en los laterales, desde el lagrimal hasta las aletas. En contraste, emplea tonos claros o del mismo color del fondo en la parte central, en función de la anchura de la nariz y del tipo de maquillaje.

También se puede corregir si acercas ligeramente, de manera muy sutil, el nacimiento de las cejas y los ángulos internos de los ojos.

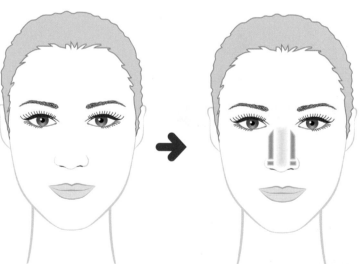

nariz estrecha

Utiliza tonos claros en los laterales para lograr ensancharla visualmente. Si, además, tu nariz es puntiaguda –las narices estrechas lo suelen ser–, aplícate un tono oscuro en la punta.

Para enfatizar el efecto óptico de ensanchamiento, separa ligeramente el punto de origen de las cejas y amplía los ojos en su ángulo externo.

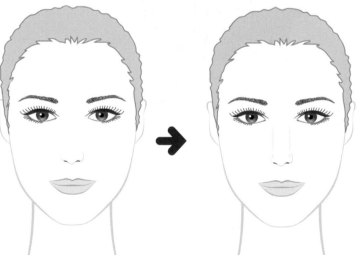

nariz torcida

La solución radica en aplicar un tono claro en el lado cóncavo y una tonalidad más oscura en el lado convexo.

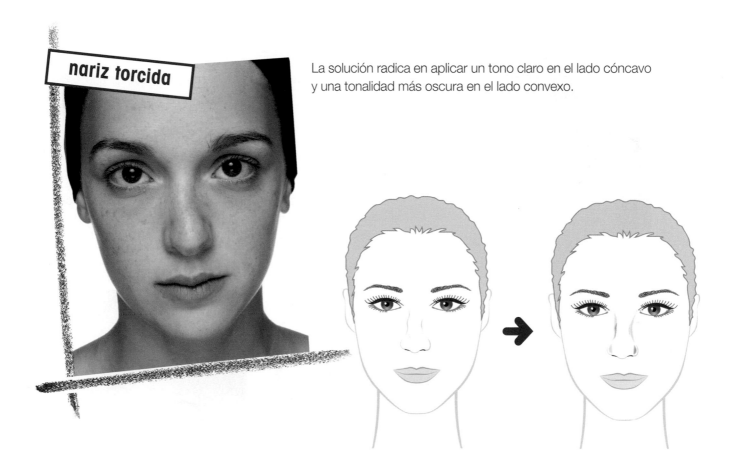

nariz recta

De perfil

Vista de perfil, la nariz puede ser de muy diversas formas:

> Recta.
> Respingona.
> Aguileña.

De perfil, el efecto corrector del maquillaje mediante la técnica del claroscuro es mucho menos visible. Los resultados son más efectivos cuando se aplican para observar la nariz de frente.

nariz respingona

nariz aguileña

Recuerda

1. Las formas que puede tener la nariz, otro de los rasgos que caracterizan tu rostro, son diversas: larga, corta, grande, pequeña, ancha, estrecha y torcida, si la observas de frente; recta, respingona o aguileña, si te fijas en ella de perfil.

2. Un corrector de color oscuro aplicado en la punta de la nariz te servirá para dar la sensación de que una nariz larga se acorta; si lo aplicas de color claro, porque tu nariz es demasiado corta, conseguirás el efecto óptico de alargamiento.

3. En general, la técnica del claroscuro puede simular varios efectos para mejorar el aspecto de tu nariz: alargamiento, acortamiento, estrechamiento y ensanchamiento.

4. Un colorete en tonos oscuros aplicado en horizontal restará protagonismo a una nariz larga y/o grande.

5. Un colorete en tonos claros aplicado en vertical llamará más la atención sobre una nariz corta y/o pequeña.

6. En el caso de narices anchas o estrechas, acercar o separar el inicio de las cejas te ayudará a crear el efecto óptico de estrechamiento o ensanchamiento, respectivamente.

TU MENTÓN,
ACORDE
Y ARMONIOSO

> Disimular con maquillaje el mentón no es tarfa fácil. El truco está
en resaltar otras zonas del rostro que sean atractivas para desviar
la atención hacia ellas. De este modo restaremos protagonismo a un mentón
poco favorecedor. Además, tu corte de pelo y la disposición del cabello
también pueden ayudarte a disimular este rasgo del rostro cuando
sea demasiado ancho, estrecho, pronunciado o retraído.

PARA integrar esta parte de tu rostro de la mejor manera,
deberás tener en cuenta su tamaño o amplitud,
si lo observas de frente, y su forma si lo miras de perfil.

Recuerda que los correctores de tonos oscuros te servirán
para ganar en profundidad y disimular el mentón, si es
muy prominente, y que si este rasgo es poco significativo ganará
en relieve e importancia si aplicas sobre él tonalidades claras.

De frente

Examina tu mentón teniendo en cuenta su amplitud.

mentón ancho

Para disminuir visualmente un mentón ancho
deberás utilizar colores oscuros en los bordes
de la mandíbula o en el centro del mentón
en función de la zona donde sea de mayor tamaño.

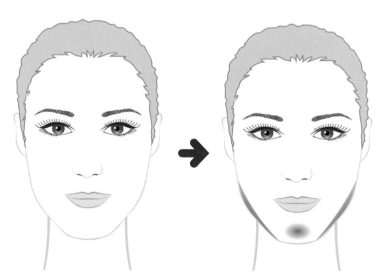

mentón estrecho

Si empleas tonos iluminadores, sobre todo
en la zona central, aumentarás ópticamente el tamaño
de tu mentón. Enfatizarás el efecto si extiendes
los tonos claros hasta el borde de la mandíbula y el cuello,
en el caso de que el maxilar esté definido
y no exista doble mentón.

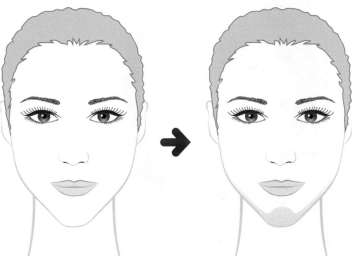

De perfil

Con esta perspectiva, podrás observar la forma o relieve de tu mentón.

Debes saber que cuando utilices las técnicas del maquillaje para disimularlo, deberás observar de frente el efecto óptico final.

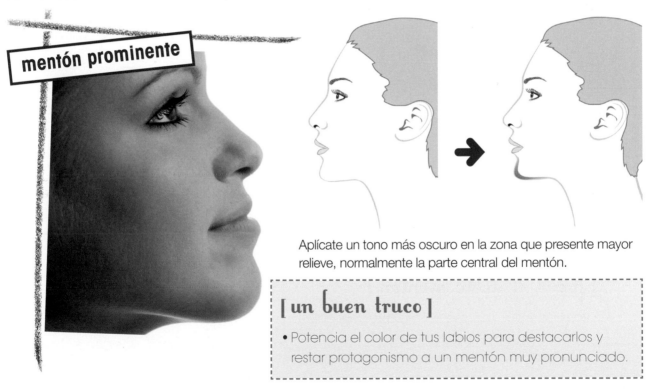

mentón prominente

Aplícate un tono más oscuro en la zona que presente mayor relieve, normalmente la parte central del mentón.

[un buen truco]

• Potencia el color de tus labios para destacarlos y restar protagonismo a un mentón muy pronunciado.

mentón retraído

Utiliza un tono claro en todo el mentón
o solo en su zona central en función
de la necesidad que tengas de resaltarlo visualmente.

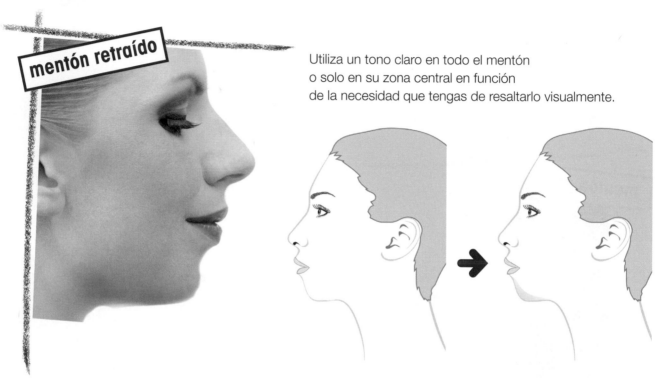

[fuera el doble mentón]

Para conseguir con maquillaje que desaparezca el doble mentón deberás trazar
una línea que demarque el perfil de la mandíbula y difuminarla en disminución
hasta la mitad del cuello aproximadamente.

Recuerda

1. Podrás disimular un mentón poco favorecedor aplicando tonos claros y oscuros para modelarlo y darle una proporción más equilibrada.

2. Aplica tonos oscuros para disimular relieves de mentón muy pronunciados.

3. Emplea tonos claros para dar mayor amplitud o resaltar la zona del mentón visualmente.

4. Potencia tu rasgo facial más atractivo para desviar toda la atención hacia él.

5. Elige un corte de pelo que esconda tu mentón si su forma es demasiado desproporcionada.

6. En el caso de doble mentón, traza una línea que demarque el perfil de la mandíbula y difumínala en disminución hasta la mitad del cuello.

¡PON
TUS CEJAS
FIRMES!

> Las cejas tienen mucho protagonismo en la expresión de cada rostro, pues poseen mucha movilidad. Admiten muchas modificaciones, por lo que su maquillaje y, sobre todo, su depilación requieren una especial atención. Son líneas fundamentales que sirven de guías cuando queremos disimular otros rasgos del rostro. Un mínimo cambio en su forma, longitud y/o espesor tendrá una gran repercusión en la apariencia final del rostro.

ADEMÁS de proteger los ojos de la entrada de partículas contenidas en la atmósfera, las cejas poseen una indudable función estética, pues confieren al rostro expresión y carácter.

Para decidir cómo mejorar el aspecto de tus cejas debes tomar como referencia las correcciones consideradas equilibradas en la "ceja modelo", pero no olvides que la forma ideal para un rostro puede no serlo para otro. Deberás adaptar tus cejas a las características morfológicas de los demás rasgos faciales, pues cualquier cambio en las mismas afectaría al conjunto.

A continuación verás cuáles son los parámetros fundamentales para tener como referencia el patrón de la "ceja modelo".

Longitud

Para determinar su longitud, traza una línea desde la aleta de la nariz pasando por el lagrimal. Encontrarás el origen de la ceja. Después, desde la aleta dibuja otra línea hasta el extremo del ojo para obtener el punto final de la ceja.

Espesor

El espesor deberá ser mayor en la base u origen de la ceja y disminuir progresivamente para acabar en una punta fina en el extremo final.

Distancia

La distancia adecuada entre las cejas y tus ojos debe equivaler al tamaño del iris.

Punto de altura

El punto más alto deberás situarlo en el extremo del arco, en la línea que nace en la aleta de la nariz y pasa por el centro del iris. La línea del borde del iris marca hasta donde se puede acercar el punto alto al inicio de la ceja; por el contrario, la línea que nace en el centro de la nariz y pasa por el centro del iris marca hasta donde se debe alejar el arco.

DEPILACIÓN

Debes poner a punto tus cejas antes de maquillarte y, a ser posible, evita hacerlo el mismo día en que tengas una ocasión especial o una cita importante. La irritación de la depilación podría afectar al acabado de tu maquillaje.

Antes de depilarte, la piel deberá estar desmaquillada y limpia, y las cejas peinadas. Un truco muy eficaz para lograr una depilación correcta es observar el rostro en su conjunto. Así, te resultará más fácil valorar la forma que quieres dar a tus cejas. Una vez decidida, pasarás a la acción utilizando pinzas de depilar. Es fundamental emplear un cepillo de cejas y pestañas para ver la evolución de la forma de la ceja y eliminar los pelos que queden adheridos a la piel.

La creencia de que no deben depilarse las cejas en su zona superior es un falso mito. Podrás hacerlo siempre que esto ayude a mejorar su forma, pero hazlo pelo a pelo alternando ambas cejas para conseguir un resultado equilibrado y simétrico.

[cejas equilibradas]

Aunque existe una "ceja ideal" que marca cómo puedes corregir su forma, no olvides que los retoques deben adaptarse a cada rostro con el fin de proporcionar al conjunto mayor equilibrio y belleza.

MAQUILLAJE

Para maquillar las cejas tendrás que tener muy en cuenta su color. Podrás utilizar lápiz, sombra o gel, pero siempre prestando mucha atención a los siguientes aspectos:

> **Cantidad de pelo:** si las cejas tienen mucho pelo, podrás maquillarlas aplicando sombras con un pincel fino, pero deberás conservar los bordes extremos con terminaciones definidas, sin difuminar; si, por el contrario, tienen poco pelo, es mejor que las maquilles con un lápiz específico para cejas –tienen la mina más dura, lo que te permitirá simular el pelo dibujando trazos finos–; los geles, al ser viscosos y transparentes, te irán muy bien para proporcionar brillo y relieve, en caso de que tengas las cejas muy finas, o para mantenerlas ordenadas si son muy pobladas.

> **Dirección del pelo.**

> **Forma en relación con la morfología del rostro.**

> **Evitar las líneas descendentes.**

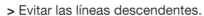

EFECTOS SORPRENDENTES DEL RETOQUE DE CEJAS

Si cambias el aspecto de tus cejas, variando la línea, dirección, situación, forma o grosor, puedes transformar tu rostro involuntariamente. Cualquier variación influirá en las proporciones de los ojos, la nariz, la frente y el óvalo en general.

> Si elevas el final de la ceja lograrás levantar ligeramente unos ojos caídos.

> Las cejas en líneas horizontales ensanchan el óvalo, sobre todo en la parte superior; en líneas ascendentes o descendentes, lo alargan.

> Podrás separar ópticamente unos ojos que estén muy juntos distanciando el nacimiento de ambas cejas. A la vez parecerá que la nariz ensancha.

> Al ampliar el entrecejo, retrasar el punto de altura de la ceja y alargar su final, contribuirás a ensanchar óptimamente tu rostro.

> Si, por el contrario, reduces la distancia entre las cejas, elevas su punto de altura y acortas su final, conseguirás estrechar visualmente tu rostro.

TIPOS DE CEJAS Y SOLUCIONES

En cuanto a la dirección

cejas ascendentes

> No debes hacer muchas modificaciones a su forma, tan solo depilarlas un poco en su parte superior si están excesivamente altas. Maquíllalas suavemente dibujando unas líneas para acercarlas a los ojos.

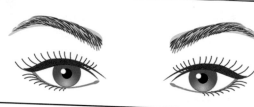

cejas descendentes

> Tendrás que depilar la parte final y maquillarlas sutilmente trazando líneas ascendentes. También puedes depilarlas en su inicio para que el final parezca más elevado.

En cuanto al espesor

cejas gruesas y pobladas

> No crean un mal efecto si van acompañadas de unos párpados altos y unos ojos grandes. Favorecen a los rostros anchos siempre que estén depiladas y marcadas con una buena línea. Si tus ojos son pequeños, unas cejas gruesas y espesas harán que parezcan aún más pequeños; tendrás que ponerlas a punto depilándolas para rebajar su espesor.

cejas finas y poco pobladas

> Solo combinan con rostros delgados y ojos pequeños y con poco párpado. No olvides que los excesos nunca favorecen, así que no abuses de las pinzas.

En cuanto a la línea

cejas redondas

> Repasa la zona superior para romper
la curvatura del arco y afina un poco
el extremo para que parezcan más alargadas.

cejas horizontales

> Si son muy gruesas y endurecen el rostro, es mejor que
las retoques depilando la parte inferior, sobre todo en la zona
central, para proporcionarles mayor altura. Para trazar
el arco, depila la zona superior en el inicio de la ceja.

En cuanto a la separación

> Si tu nariz es ancha, unas cejas juntas te ayudarán a que parezca más estrecha, así que no tendrás que retocarlas demasiado en su inicio.

Si desearas, por el contrario, que lucieran un poco más separadas, usa las pinzas hasta que su base llegue a la referencia que marca la línea de inicio (recuerda que la línea de inicio se halla trazando una recta que parte de la aleta de la nariz y pasa por el lagrimal).

cejas juntas

cejas separadas

> Este tipo de cejas no favorecen a quienes tengan una nariz ancha, pues aumentan ópticamente la anchura de la nariz. La solución es recurrir al maquillaje para acortar la distancia y situar el origen de las cejas hasta la línea de inicio.

Recuerda

1. La ceja modelo sirve solo de patrón de referencia, pues la ceja ideal para un rostro puede no serlo para otro.

2. Antes de depilarte, debes desmaquillar y limpiar tu piel, y peinar tus cejas.

3. Para lograr una depilación correcta debes observar el rostro en su conjunto para hallar la forma de ceja que mejor combine con tus facciones.

4. Si tienes que depilar la zona superior de tus cejas, hazlo pelo a pelo, y alternando ambas cejas para conseguir un resultado equilibrado y simétrico.

5. A la hora de maquillar tus cejas, evita las líneas descendentes.

6. Podrás optar por diferentes productos para su maquillaje: lápices, sombras o geles.

7. Ten mucho cuidado cuando depiles tus cejas, pues cualquier variación influye en las proporciones de tus ojos, tu nariz, tu frente y tu óvalo en general.

OJOS

QUE

ENCANDILAN

> LOS OJOS, ESPEJO DEL ALMA, APORTAN UNA EXPRESIÓN MUY SIGNIFICATIVA AL CONJUNTO DEL ROSTRO. PARA FAVORECER SU ASPECTO APLICANDO DISTINTAS TÉCNICAS DE MAQUILLAJE, PRIMERO TENDRÁS QUE CONOCER LAS PECULIARIDADES DE CADA TIPO, PUES PUEDEN SER: SEGÚN SU TAMAÑO, GRANDES O PEQUEÑOS; SEGÚN SU LÍNEA, ASCENDENTES, DESCENDENTES U HORIZONTALES; SEGÚN SU FORMA, REDONDOS O ALARGADOS; SEGÚN LA DISTANCIA QUE HAY ENTRE ELLOS, JUNTOS O SEPARADOS; Y SEGÚN SU RELIEVE, HUNDIDOS O GLOBULOSOS.

Es importante que conozcas las técnicas de maquillaje
para resaltar aún más la belleza de tus ojos o para camuflar
alguna imperfección. Conseguirás que luzcan bellos
e impactantes si logras potenciar su atractivo
con pequeños retoques a base de líneas, luces y sombras.

Pero hay que guardar discreción para no modificar
demasiado su forma natural; de lo contrario, su apariencia
resultaría muy artificiosa y, por tanto, nada favorecedora.

Para determinar la forma que tienen tus ojos toma
como referencia las medidas del canon ideal de belleza,
según los parámetros señalados a continuación.

Línea

Te ayudará a saber si tus ojos están caídos, son ascendentes, rectos, etc.

Distancia

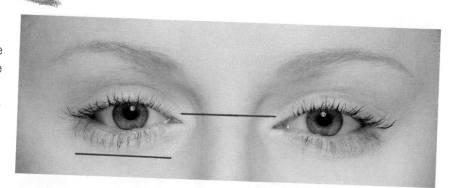

La distancia correcta que debe existir entre los ojos corresponde a la medida de otro ojo. Si evalúas el espacio entre ellos averiguarás si tus ojos están muy próximos o muy separados.

TIPOS DE OJOS Y TRUCOS PARA EMBELLECERLOS

Los ojos ideales tienen forma almendrada y línea ascendente. ¿Cómo son los tuyos?

almendrados

> Te bastará con resaltarlos, pues resultan muy atractivos. Maquíllalos respetando su forma y utiliza preferentemente sombras del mismo color que tu iris.

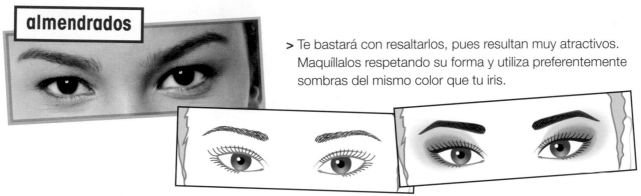

redondos

> Tendrás que extender las sombras en sentido ascendente y acentuar el color en la parte externa de tus ojos para que parezca que se alargan.

Para disimular su forma no marques tus cejas con líneas redondeadas.

Con el delineado deberás tender hacia la horizontalidad, bien estrechando la línea en el punto más arqueado del ojo, bien comenzando en la parte donde el arco superior empieza a caer.

En cuanto a las pestañas, maquilla sobre todo su ángulo externo y péinalas hacia fuera para rasgar el ojo.

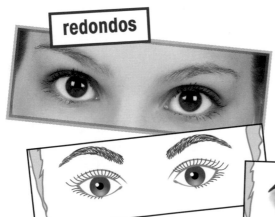

horizontales

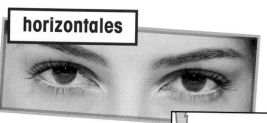

> Para hacerlos más seductores, aplícate las sombras y las líneas del contorno del ojo en sentido ascendente. Un truco para conseguir la sensación óptica de elevación es dirigir las pestañas hacia el ángulo externo y utilizar abundante máscara para maquillarlas.

descendentes

> Te favorecerán las sombras y líneas en sentido ascendente. Pero si el rasgo descendente estuviera muy acentuado, tendrás que diseñar líneas que proporcionen al ojo horizontalidad para tenerlas como referencia a la hora de fijar las sombras.

[consejo]

Si tus ojos son descendentes evita la máscara de pestañas en la parte final del párpado superior y, sobre todo, en el inferior.

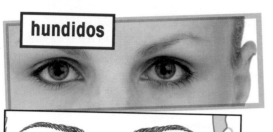

hundidos

> Conseguirás favorecer su forma si maquillas el párpado con sombra clara y la difuminas en la parte móvil.

Aplica sombras en tono oscuro sobre el pliegue del párpado y difumínalas hacia arriba para disminuir la sensación de volumen del arco superciliar del ojo. Para no acentuar el rasgo y empequeñecer más el ojo, evita que las líneas del delineado sean muy duras y que se unan en los extremos.

Las cejas que más favorecen a este tipo de ojo son las finas, estrechas y cortas. Si están muy elevadas, añade en su parte inferior una hilera de pequeños trazos para imitar el pelo.

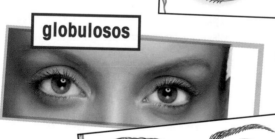

globulosos

> El objetivo con estos ojos es hacerlos retroceder, pues sobresalen ópticamente.

Para disminuir su volumen, oscurece el párpado.

También disimularás su redondez si alargas el maquillaje hacia las sienes y fijas más intensidad de color en la parte abombada.

Te verás más favorecida si perfilas el párpado inferior justo al borde del nacimiento de la pestaña.

Las cejas largas y espesas restan notoriedad a este rasgo. Sitúa un punto de luz justo en el arco de la ceja para aportar equilibrio.

grandes

> Son ojos muy vistosos, que no necesitan trucos que los corrijan. Si deseas modificar su tamaño, únicamente tendrás que utilizar líneas y colores oscuros para bordear el párpado.

pequeños

> Estos ojos necesitan un maquillaje intenso pero luminoso. Para conseguirlo, maquilla el párpado superior en tonos medios y oscuros, y acentúa la banana difuminando en forma ascendente.

Ten mucho pulso con el delineado. Para lograr un buen resultado, tendrás que conseguir que sea fino y ascendente, y deberás separarlo de la línea natural del ojo en los extremos para dar más amplitud a la mirada.

En el interior del ojo, maquilla líneas claras.

Las pestañas estarán a punto si se maquillan en sentido ascendente y empleas para ello abundante máscara.

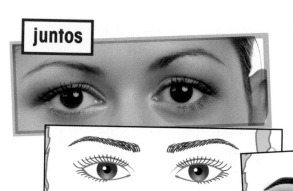

juntos

> Para aumentar ópticamente el espacio entre los ojos tendrás que maquillar el ángulo interno con sombras claras y acentuar el externo con tonos oscuros que se prolongarán hacia las sienes.

Potencia las líneas que marcan el ojo y el maquillaje de pestañas en la zona del extremo del ojo.

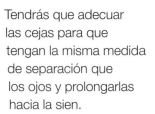

Tendrás que adecuar las cejas para que tengan la misma medida de separación que los ojos y prolongarlas hacia la sien.

separados

> Oscurece el ángulo interno y aclara el externo mediante el difuminado de colores.

El delineado debe unirse en el lagrimal pero nunca prolongarse más allá del extremo del ojo. Con la máscara de pestañas deberás potenciar las pestañas interiores y medias, y maquillar más discretamente y en sentido ascendente las finales.

CÓMO BORRAR BOLSAS Y OJERAS

Hay dos aspectos que tienes que tener en cuenta y que nada tienen que ver con la forma ni con el tamaño de los ojos: las ojeras y las bolsas.

> **Ojeras:** si tus ojos tienen ojeras oscuras, aplícate una base de corrector blanco muy claro en el surco que marca la ojera para disimular el hundimiento. Después, utiliza un maquillaje de fondo con un color lo más parecido a tu pigmentación. Podrías cambiar el orden de aplicación dependiendo de los cosméticos que emplees.

> **Bolsas:** tendrás que oscurecer suavemente la bolsa y aclarar su contorno hasta llegar al lagrimal. El punto más oscuro tendrá que coincidir con el de mayor relieve para degradar progresivamente y conseguir uniformidad con el color de fondo.

[¿antes o después?]

> Si el delineador que utilizas para maquillar tus ojos es un lápiz, aplícalo antes de las sombras; sí, en cambio, es líquido, tendrás que marcarlo después.

> La máscara de pestañas se aplica después de la sombra y del delineador.

Recuerda

1. Aplícate las sombras y las líneas del contorno del ojo en sentido ascendente si tus ojos son horizontales o descendentes.

2. Acentúa el color de la sombra en la parte externa si tus ojos son redondos y quieres alargarlos.

3. Si tus ojos son globulosos y quieres disminuir su volumen deberás oscurecerte el párpado cuando te apliques las sombras.

4. Separa el delineado de la línea natural del ojo en los extremos para dar más amplitud a tu mirada si tienes unos ojos pequeños.

5. Si tus ojos están muy juntos maquilla el ángulo interno con sombras claras y acentúa el externo con tonos oscuros que se prolonguen hacia las sienes.

6. Si, por el contrario, tus ojos están muy separados, oscurece el ángulo interno y aclara el externo mediante el difuminado de colores.

7. No solo las sombras te ayudarán a mejorar el aspecto de tus ojos. La máscara de pestañas, el delineado, e incluso la forma que des a tus cejas cuando te depiles, te ayudarán a conseguir una mirada con mucho encanto.

TU BOCA,
IMÁN DE BESOS

> La boca es el elemento del rostro que posee más movilidad y uno de los más llamativos. Junto con los ojos y las cejas, proporciona al rostro casi toda su expresividad. La variedad de labios es enorme: carnosos, finos, grandes, pequeños, descendientes, asimétricos, próximos, separados, etc.

CADA boca aporta un estilo y una personalidad inconfundible.
Los labios pueden convertirse en un fuerte punto de atracción.
Lograrlo dependerá de tu buen tino al maquillarlos.

La técnica del claroscuro aplicada para retocar
otras zonas del rostro, encuentra su excepción cuando
se trata de los labios. Sobre ellos los colores oscuros
no disimulan ni sombrean, sino todo lo contrario, resaltan,
exageran y muestran de forma más evidente las imperfecciones;
los claros no enfatizan ni aportan relieve, más bien discreción.

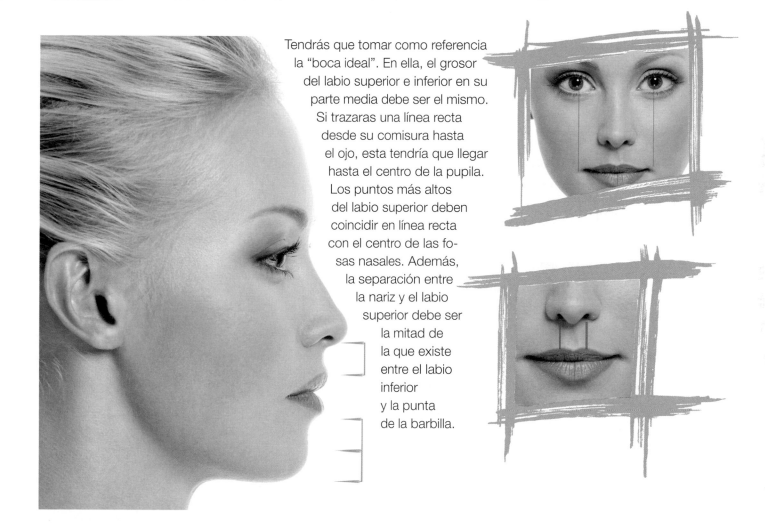

Tendrás que tomar como referencia la "boca ideal". En ella, el grosor del labio superior e inferior en su parte media debe ser el mismo. Si trazaras una línea recta desde su comisura hasta el ojo, esta tendría que llegar hasta el centro de la pupila. Los puntos más altos del labio superior deben coincidir en línea recta con el centro de las fosas nasales. Además, la separación entre la nariz y el labio superior debe ser la mitad de la que existe entre el labio inferior y la punta de la barbilla.

TIPOS DE LABIOS Y TRUCOS PARA EMBELLECERLOS

La forma los labios debe observarse en armonía con el resto de los rasgos del rostro para resultar proporcionada.
Como la boca es un foco de atención de la mirada por su movimiento, las variaciones con maquillaje
que hagas en ella deberán ser muy sutiles, naturales y discretas, pues resultan claramente visibles.
La siguiente clasificación te servirá para identificar la forma de tu boca y descubrir cómo potenciar su atractivo.

En cuanto al grosor

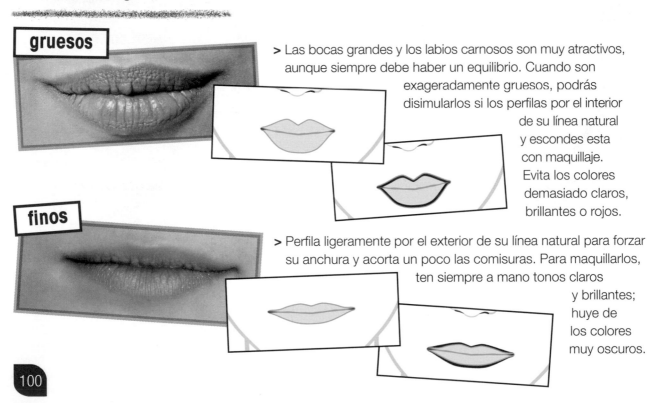

gruesos

> Las bocas grandes y los labios carnosos son muy atractivos, aunque siempre debe haber un equilibrio. Cuando son exageradamente gruesos, podrás disimularlos si los perfilas por el interior de su línea natural y escondes esta con maquillaje. Evita los colores demasiado claros, brillantes o rojos.

finos

> Perfila ligeramente por el exterior de su línea natural para forzar su anchura y acorta un poco las comisuras. Para maquillarlos, ten siempre a mano tonos claros y brillantes; huye de los colores muy oscuros.

En cuanto al tamaño

grandes

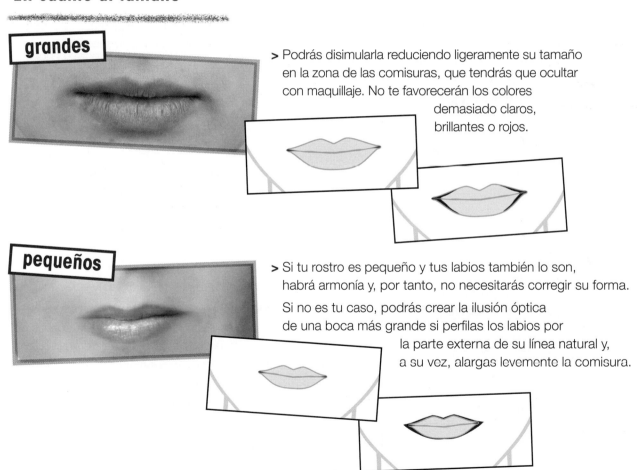

> Podrás disimularla reduciendo ligeramente su tamaño en la zona de las comisuras, que tendrás que ocultar con maquillaje. No te favorecerán los colores demasiado claros, brillantes o rojos.

pequeños

> Si tu rostro es pequeño y tus labios también lo son, habrá armonía y, por tanto, no necesitarás corregir su forma.

Si no es tu caso, podrás crear la ilusión óptica de una boca más grande si perfilas los labios por la parte externa de su línea natural y, a su vez, alargas levemente la comisura.

En cuanto a la línea

descendentes

> La expresión de este tipo de labios denota amargura o enojo. Podrás disimular su forma si rectificas la línea de ambos labios trazando una falsa línea ascendente en las comisuras del labio superior.

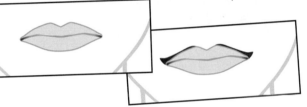

asimétricos

> Si tus labios son asimétricos en cuanto al grosor, podrás disimularlo haciendo más grueso el fino y viceversa.

Si la asimetría sucede porque uno de los dos es más prominente, podrás estrechar su contorno con líneas ligeramente horizontales que recorten su zona central. Si, además, perfilas el otro labio por su borde exterior el resultado será magnífico.

Cuando la asimetría está en una de las partes, elige el lado más atractivo para el conjunto del rostro; te servirá de referencia para unificar su forma.

En cuanto a la distancia hasta la nariz

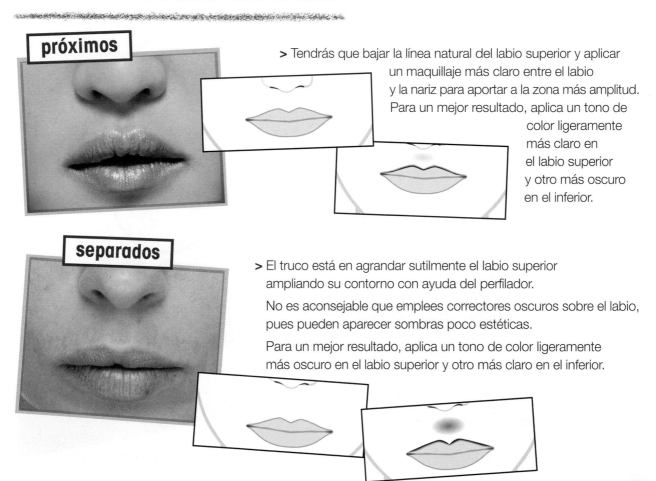

próximos

> Tendrás que bajar la línea natural del labio superior y aplicar un maquillaje más claro entre el labio y la nariz para aportar a la zona más amplitud. Para un mejor resultado, aplica un tono de color ligeramente más claro en el labio superior y otro más oscuro en el inferior.

separados

> El truco está en agrandar sutilmente el labio superior ampliando su contorno con ayuda del perfilador.

No es aconsejable que emplees correctores oscuros sobre el labio, pues pueden aparecer sombras poco estéticas.

Para un mejor resultado, aplica un tono de color ligeramente más oscuro en el labio superior y otro más claro en el inferior.

[consejos y trucos para unos labios bellos]

> Si tus labios son secos, aplícate un exfoliante para eliminar las pieles muertas.

> Hidrátalos bien para protegerlos de las inclemencias del tiempo.

> Unifica el tono de tus labios con el fondo de maquillaje que uses.

> Perfílalos para definir sus bordes y disimular asimetrías.

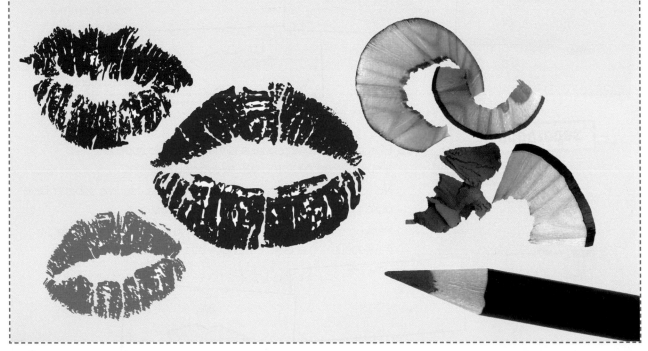

Recuerda

1. Tu boca, junto a tus ojos y tus cejas, proporciona al rostro casi toda su movilidad.

2. Por su movimiento, la boca es un gran foco de atención de la mirada, por lo que deberás ser prudente cuando intentes simular con maquillaje unos labios ficticios: más gruesos, más finos, menos grandes, etc.

3. Evita los colores demasiado claros, brillantes o rojos si tus labios son muy gruesos o grandes.

4. Si tus labios son finos o muy pequeños, huye de los tonos demasiado oscuros.

5. Podrás disimular unos labios descendentes si trazas una falsa línea ascendente en las comisuras del labio superior.

6. Tendrás que agrandar o rebajar el contorno del labio superior si tus labios están muy separados o muy próximos a la nariz, respectivamente.

EL COLOR QUE VA CONTIGO

> Ahora que ya conoces cómo son tus rasgos faciales y cómo puedes potenciar tu belleza y atractivo, toca elegir el color que mejor viste el conjunto de tu rostro. Igual que ocurre con la vestimenta, a la hora de maquillarte la elección del color y su intensidad dependerá mucho de cuándo lo vas a lucir —luz de día o de noche—, y del tipo de cita u ocasión para la que te maquilles —boda, fiesta con amigos, cita de trabajo, etcétera—.

UN maquillaje de calidad no debe descuidar la elección
del color y de todos los conceptos que engloba: gama, armonía
y contraste. La luz es un elemento clave que deberás tener
muy en cuenta, pues conforme cambia a lo largo del día incide
directamente en la percepción del color. Por tanto,
las tonalidades de un mismo maquillaje no se verán igual
con una luz clara y rosada de mañana, una anaranjada de tarde,
y una azulada de noche.

Actualmente conviven estilos de maquillaje muy diferentes.
Desde los más naturales como el *nude*, a otros
más elaborados que, por ejemplo, oscurecen el contorno
del ojo para crear el denominado *smoke eye*.

Reconoce cuál es el color que más va con
tu personalidad para que tu maquillaje siempre te favorezca.

EL CÍRCULO CROMÁTICO

Primarios

Los colores primarios, puros y sin mezcla, son tres:

> El rojo (magenta).

> El amarillo (cadmio).

> Ell azul (cian).

A partir de ellos se crean todos los demás.

Secundarios

La mezcla de dos colores primarios proporciona
un color secundario (o complementario),
que mezclado a su vez con otro primario produce
un color terciario, y así sucesivamente hasta mez-
clas infinitas. El rojo y el amarillo generan el color
naranja; el amarillo y el azul, el verde;
y de la mezcla del azul
con el rojo surge el violeta.

COLOR EN EL MAQUILLAJE

Cada producto de maquillaje
se elige y aplica en función
de su color: bases de maquillaje,
correctores, coloretes, sombras
de ojos, barra de labios,
máscaras de pestañas…
Hay que tener claro qué
aspectos positivos puede
aportar cada tonalidad.

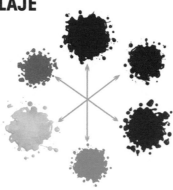

Complementarios

Los colores complementarios son aquellos
diametralmente opuestos en el círculo cromático;
al mezclarlos entre sí se neutralizan
y al yuxtaponerse se potencian. En maquillaje
se emplean para conseguir múltiples efectos:
algunas veces se utilizan aplicándolos encima
de un color que deseamos camuflar;
otras, se sitúan junto al tono al que
se quiere dar más protagonismo.

> El resto de las mezclas genera colores intermedios que también varían en función
de su saturación –mayor o menor pureza del color en función de si existe más
o menos cantidad de pigmento o, por el contrario, está mezclado con negro o blanco–.

[colores mágicos] Como los colores complementarios
neutralizan o anulan el color que
complementan, justo el que tienen enfrente en el círculo cromático,
son muy útiles para disimular rojeces, pieles cetrinas, ojeras violáceas,
etc. ¿Qué tono de corrector tendrías que usar para disimular
rojeces o granitos? El verde; ¿Cuál es el adecuado para borrar
ojeras violáceas? El amarillo; ¿Y si tienes la piel cetrina o amarillenta?
El morado.

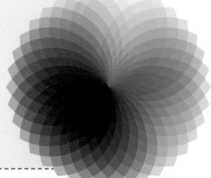

EL COLOR: UN GRAN ALIADO

Con el color podrás potenciar tus rasgos
más favorecedores y disimular pequeñas
imperfecciones. Toma nota de algunas
de las correcciones que puedes realizar:

> Camuflar una piel cetrina con
una base correctora violácea.

> Iluminar una piel olivácea y apagada
con una base rosada.

(Podrás realizar ambas correcciones bien bajo
la base o mezclando el corrector con esta).

> Cubrir hematomas con correctores
amarillentos, o rosados cuando el color
del cardenal haya derivado a verdoso.
Lo más común es utilizar,
para estos casos, productos
compactos bajo la base del maquillaje.

> Disimular pequeños granitos
con corrector verde, generalmente
compacto, sobre o bajo la base.

[¡de nota!]
Conseguirás
un acabado
profesional si
controlas los efectos
que causan
los colores entre sí.

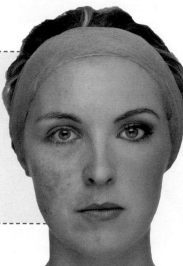

UN SINFÍN DE POSIBILIDADES

Con los colores complementarios podrás:

> Resaltar un determinado
color utilizando
su contrario como
punto de luz
en el maquillaje.

> Crear atractivos
contrastes en
una misma zona
o en otro rasgo
del rostro.

> Destacar el color
del ojo con colores
cercanos en
el círculo cromático,
en contraste
o en armonía.

> Resaltar el rostro de acuerdo
con el color del vestuario.

> Utilizar colores primarios para crear efectos impactantes.

Realizar maquillajes monocromáticos en tonos llamativos o neutros.

> Elaborar maquillajes que destaquen una sola facción o todas ellas.

COLORES CÁLIDOS Y FRÍOS

Si trazas una diagonal en el círculo cromático podrás distinguir dos grupos de colores
con distintas particularidades: los que pertenecen a la gama rojo-amarillo,
denominados cálidos, y los relativos a la gama de los azules, o fríos.

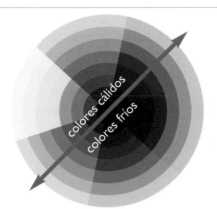

Esta denominación se debe a las sensaciones
generales que los colores transmiten:

> Colores cálidos: actividad, alegría
y dinamismo.

> Colores fríos: tranquilidad, seriedad
o distanciamiento.

Un color frío y otro cálido se complementan, tal y como sucede entre un color primario y uno compuesto.
Pero no debes caer en el error de creer que todos los tonos verdes, azules y violetas son fríos,
y que todos los rojos, naranjas y amarillos son cálidos. Los colores tienen matices según su composición,
lo que les hace tender hacia una gama u otra.

TU APUESTA POR EL COLOR

Debes apostar por el color que mejor te ayude a enfatizar tu belleza.
Los colores interactúan con el tono de tu piel; pueden proporcionarte
una apariencia sana y atractiva o, por el contrario, pálida e incluso
enfermiza. Por eso es muy importante que elijas los tonos del maquillaje
en relación a tus colores personales –color de la piel, ojos y cabello–.

Quizás te favorezcan más
los tonos fríos, o quizás
tus rasgos resaltan más
con colores cálidos.
Está en ti averiguarlo
jugando con la paleta de
colores. También puedes
beneficiarte del atractivo
que te ofrecerá
el contraste
de colores.

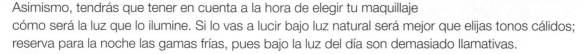

Asimismo, tendrás que tener en cuenta a la hora de elegir tu maquillaje
cómo será la luz que lo ilumine. Si lo vas a lucir bajo luz natural será mejor que elijas tonos cálidos;
reserva para la noche las gamas frías, pues bajo la luz del día son demasiado llamativas.

ARMONÍA DE COLORES

La armonía de colores hace referencia a la forma en la que se combinan para que cada uno tenga concordancia con los demás. Deberás procurar la armonía entre los elementos que componen tu maquillaje –colorete, labios, sombras– y tus colores personales –color de piel, ojos y cabello–.

armonía en cálidos

armonía en fríos

UN CONTRASTE MUY ATRACTIVO

Si para tu maquillaje prefieres un contraste de colores el resultado será, sin duda, original, trasgresor e impactante. Pero no se trata de mezclar sin orden ni concierto. Tendrás que seguir unas pautas para conseguir un resultado vistoso y favorecedor. Los tonos en contraste deben aplicarse con cuidado para que el aspecto final no resulte exagerado. Un truco eficaz es limitar su utilización a zonas pequeñas o puntos de luz que atraigan todas las miradas.

Podrás dar rienda suelta a tu imaginación cuando quieras un maquillaje de fiesta o crear un mayor impacto.

El potencial que ofrecen los colores es inagotable. Por eso es clave conocer a fondo las gamas de colores, tanto en armonía como en contraste, para usarlas como más te apetezca, según la ocasión.

El color de los productos cosméticos es una herramienta clave para llamar la atención, corregir imperfecciones, disimular ciertos rasgos, agrandar, empequeñecer, etc. Ofrece infinidad de posibilidades para resaltar tu belleza natural.

Recuerda

1. Dependiendo del color que tenga tu base correctora, podrás disimular una piel cetrina u olivácea; camuflar rojeces; tapar algún granito; esconder hematomas o cardenales; ocultar ojeras violáceas; etc.

2. Los colores que elijas para maquillarte pueden proporcionarte una apariencia sana y atractiva o, por el contrario, pálida e incluso enfermiza.

3. Deberás averiguar, tras analizar el color de tu cabello, ojos y piel, qué tonos te favorecen más, si los fríos o los cálidos.

4. Asimismo, deberás procurar la armonía entre los elementos que componen tu maquillaje: colorete, labios, sombras.

5. El impacto de los colores también es distinto si se lucen de noche o de día. Las gamas frías son más propias para lucirse de noche, pues de día resultan demasiado llamativas.

6. Reserva el contraste de colores para zonas pequeñas del ojo o para crear maquillajes de gran impacto que quieras lucir en fiestas.

EL EQUILIBRIO
PERFECTO

> No somos robots. La belleza reside en la singularidad de cada persona. Tenemos rasgos morfológicos únicos que nos hacen distintas, excepcionales. Las soluciones que ofrece la aplicación de un buen maquillaje no tienen por qué ir encaminadas a crear rostros estándares. No existe un patrón de maquillaje válido para todos los rostros. En este sentido, a la hora de maquillarte deberás tener en cuenta que el principal objetivo será destacar tu personalidad, amoldar el maquillaje a tu estilo.

DEBERÁS examinarte en profundidad para reconocer
cuáles son tus rasgos más favorecedores y potenciarlos
al máximo con ayuda del maquillaje. La clave
no es perseguir un canon de belleza sino que
te sientas a gusto contigo misma.

Tu secreto será minimizar los rasgos que menos
te favorecen, pero con sutileza y equilibrio,
para que tu aspecto resulte muy natural.
Lograrás sacar el máximo partido a tu belleza.

UN TRUCO NATURAL: COMPENSAR LOS RASGOS

El maquillaje ayuda y mucho a disimular las imperfecciones y facciones que menos te gustan, pero hay que tener en cuenta que ciertos trucos restan naturalidad al resultado final. Tendrás que limitar la aplicación de los trucos que más se noten a los maquillajes que luzcas por la noche o bajo luz artificial.

Para evitar un maquillaje de ficción, demasiado evidente, la mejor solución es que recurras a compensar tus rasgos menos armoniosos resaltando los más bellos para que estos atraigan toda la atención. Lograrás un maquillaje equilibrado, natural, favorecedor y, en definitiva, menos recargado.

[crea un foco de atención]

Si tienes una mandíbula demasiado prominente puedes disimularla aplicando tonalidades oscuras para restarle volumen. Otra solución, más natural, es ocultarla otorgando todo el protagonismo a tus ojos; esmérate en maquillarlos correctamente para ampliar la zona superior del rostro y reducir, en apariencia, la inferior. Habrás conseguido que tu mandíbula quede en un segundo plano.

ELIGE TU COMBINACIÓN

A tu disposición existen múltiples productos, herramientas, técnicas y estilos de maquillaje, pero las partes del rostro sobre las que trabajarás son limitadas: ojos, boca, cejas, mentón, etc. Las zonas principales –ojos y labios– son las que permiten mayor uso del color y las formas. Si tu maquillaje se centra en ellas, las combinaciones que puedes realizar son básicamente cuatro:

labios claros y ojos claros

labios oscuros y ojos claros

labios claros y ojos oscuros

labios oscuros y ojos oscuros

Según cómo sea tu maquillaje y dónde hayas aplicado más color, llamarás la atención hacia unas zonas u otras, o incluso al rostro en su conjunto. Deberás decidir qué zona o zonas quieres resaltar teniendo en cuenta tus facciones, la aplicación de soluciones con maquillaje para disimular rasgos poco favorecedores, el tipo de maquillaje que lucirás, etc.

Recuerda

1. La belleza reside en la singularidad de cada rostro, así que no existe un patrón de maquillaje.

2. Tu objetivo será sacar el máximo partido a tu belleza natural.

3. Con el maquillaje también mostrarás cuál es tu personalidad. Amóldalo a tu estilo para sentirte cómoda con el acabado.

4. Para huir del efecto máscara, lo mejor es que compenses tus rasgos menos armoniosos resaltando los más bellos para que estos últimos atraigan toda la atención.

5. Si aplicas más color sobre un determinado rasgo, por ejemplo la boca, llamarás la atención hacia esta parte del rostro.

6. Los ojos y la boca son las partes del rostro que permiten mayor uso del color. Podrás elegir entre maquillarte los labios en oscuro o claro y combinarlos con unos ojos maquillados en oscuro o claro.

TUS
UTENSILIOS
DE BELLEZA

> En orden, limpias y listas para utilizar. Las herramientas que empleas para potenciar tu belleza son fundamentales para lograr un resultado óptimo, por lo que no debes descuidarlas si quieres que te ayuden a verte cada día más bella. En el mercado puedes encontrar una extensa gama de pinceles y brochas que varían en cuanto a calidad y forma, pues dependiendo del producto que quieras aplicar y el acabado que desees conseguir elegirás uno u otro tipo.

A elección de los pinceles y las brochas más adecuadas para cada zona del rostro y/o cada tipo de producto es una decisión que tendrás que valorar cuidadosamente. Será muy importante que conozcas de qué material están fabricados tus utensilios de belleza, para que seas consciente de su calidad y, sobre todo, de cómo será el acabado que te ofrecerán cuando apliques los distintos productos de maquillaje: correctores, bases de maquillaje, sombras de ojos, coloretes, barras de labios, etc.

Mantener listos y en buenas condiciones todos los utensilios que utilices cuando te maquilles es una tarea imprescindible. Después de cada uso, tendrás que limpiarlos y secarlos correctamente antes de guardarlos. La próxima vez que vayas a utilizarlos los tendrás a punto y en perfecto estado.

PARTES DE UN PINCEL

mango

Los encontrarás de diferentes tamaños y grosores. Lo más importante es que te resulte cómodo cuando lo cojas con la mano. Los mangos cortos son muy prácticos para el automaquillaje; lo largos son más utilizados por los profesionales, pues permiten mayor precisión y mejor control del pulso. Normalmente llevan grabado el número del modelo, que indica el grosor y la calidad del pelo. Se fabrican con diversos materiales; los mejores, los de madera lacada con varias capas de laca o barniz.

férula o virola

Es la parte de metal que une el pelo al mango. Será de calidad y, por tanto, de larga durabilidad, si está fabricada de acero, cobre o aluminio, y no presenta uniones por las que el pincel puede ir perdiendo pelos tras el uso y las continuas limpiezas.

haz de pelo

Es la parte más importante del pincel, pues determina su calidad. El mejor es el pelo natural, muy suave, sedoso y con brillo opaco. El pelo sintético es más duro y, con frecuencia, tiene agregada una capa extra de brillo. Para comprobar el tipo de pelo, pasa el pincel por el interior de la muñeca. Notarás la diferencia.

MATERIAL DE FABRICACIÓN

Las características de cada tipo de pelo, natural o sintético, confieren al pincel unas cualidades específicas. Podrás encontrar los siguientes tipos:

1. Pelo de marta Kolinsky o sable

Es el de mejor calidad para los pinceles de maquillaje por su poder de absorción de pigmentos y su flexibilidad y elasticidad. Tiene una gran durabilidad.

2. Pelo de marta roja

También presenta una gran capacidad de absorción de pigmentos, buena elasticidad y es muy duradero. Permite crear una buena punta.

3. Pelo de pahmi

Proviene de un animal asociado al tejón pero más pequeño. Es un pelo fuerte y resistente al tiempo. Solo se emplea en pincelería de alta calidad.

4. Pelo de turón

La cola de este animal proporciona un pelo de estupendas características: tiene gran capacidad de absorción, es resistente al desgaste y muy elástico.

5. Pelo de ardilla

Excelente y muy adecuado para maquillaje pero es más frágil.

6. Pelo de raccoon

El pelo de este animal, una especie de mapache, es amarillento con las puntas negras. Es más adecuado para brochas de polvos y colorete que para pinceles de sombras.

7. Pelo de pony

Su uso está muy extendido porque se adapta a los diferentes usos de brochas y pinceles. Es muy económico y duradero. Su calidad es media, tiene color oscuro y al tacto es suave y flexible.

8. Filamentos selectos

Debido a la escasez del pelo de marta, se intenta desarrollar un tipo de pelo sintético que tenga sus mismas características a un precio más asequible. El que más se ha empleado en los últimos años es la fibra de poliéster de punta afilada. Sin embargo, se ha extendido el uso del toray, una fibra óptica plástica de gran versatilidad. A pesar del buen resultado que ofrecen, no alcanzan la calidad del pelo natural.

TIPOS Y ZONAS DE APLICACIÓN

En función del tamaño, puedes encontrar brochas y pinceles. La longitud del pelo que sobresale de la férula determina su flexibilidad y las diferentes posibilidades de trazo y acabado. Tendrás que tener en cuenta, por ejemplo, que una brocha para polvos deberá tener los pelos largos, mientras que para labios y ojos deberá tenerlos cortos para que te resulte más fácil delinear.

[natural vs. sintético]

El pelo sintético, como no tiene poros, recoge muy bien los productos grasos, y los deposita y extiende uniformemente. En cambio, los productos secos o en polvo se aplican mejor con pincel de pelo natural.

Cada pincel está diseñado para la zona donde se va a emplear. Encontrarás las puntas en espiral, puntiagudas, redondeadas, biseladas, con forma de lengua de gato, rectas y en abanico.
Cada acabado te permitirá acceder mejor a una zona determinada y diseñar el trazo de forma precisa.

PARA EL ROSTRO

Esponja de látex

Te servirá para aplicar casi todos los productos de base de maquillaje, pues permite un buen sellado y una aplicación correcta y uniforme. Su único inconveniente es que absorbe mucho producto. Podrás encontrarlas en multitud de formas y usarlas secas, si persigues un resultado más

cubriente, o humedecidas, si lo quieres más natural. El material de fabricación suele ser el látex. Sin embargo, la última novedad en el mercado no lo emplea, tiene forma ovoide, consume menos cantidad de producto y trabaja en húmedo y seco con todas las bases de maquillaje.

Brocha o pincel de maquillaje

Esta herramienta te permitirá obtener una piel perfecta: un acabado uniforme, sin exceso y más natural.
Su inconveniente es que es menos cubriente que la esponja.

Borla de polvos

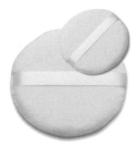

Generalmente es de algodón aterciopelado y presenta
una tira de raso en una de sus caras. Con las más grandes
podrás aplicar polvos translúcidos y matizar brillos.
Las más pequeñas, denominadas "de apoyo", sirven
para sujetar la piel cuando la aplicación del maquillaje
requiere mucha precisión.

Brocha tamponada

Es redonda con extremo plano. Su uso se ha extendido
desde la aparición del maquillaje mineral, para el que es
muy útil, sobre todo aquellas con gran densidad de pelo.
Las menos densas te pueden servir para aplicar polvos
bronceadores o iluminadores.

Pinceles para correctores

De diferentes tamaños y formas, sirven
para la fijación de correctores en ojeras,
correctores de tono e incluso iluminadores.

Brocha en abanico

Podrás emplearla para eliminar los restos de sombra que caen bajo los ojos, pues su borde fino te permitirá introducirla bajo las partículas y levantarlas para que no se adhieran y manchen la piel. Además, te ayudará a conseguir un maquillaje más natural pues también levanta el vello facial. Las más gruesas y de pelo natural son ideales para realizar una transición cromática uniforme en zonas de amplio tamaño como las mejillas.

Brocha para corrector

Te resultará muy útil para cubrir de forma adicional zonas problemáticas, como los alrededores de la nariz o la esquina de los ojos. Perfecta para aplicar iluminadores y sombras en el rostro. Podrá ayudarte a potenciar tus pómulos si la empleas para aplicar un corrector en polvo bajo las mejillas.

Brocha para polvos

Minimiza los brillos y, además, sella y fija el maquillaje con una apariencia muy natural. La forma delgada en las puntas permite su uso en la zona de debajo de los ojos, alrededor de la nariz y de la línea de la mandíbula. En zonas más pequeñas es preferible el empleo de la borla.

Brocha para el rostro y el cuerpo

Su tamaño es mayor al habitual para el rostro.
Es útil para la aplicación de polvos sueltos
o talcos específicos para el cuerpo.

Brocha para el acabado

Con ella eliminarás cualquier exceso
de producto depositado en el rostro
para conseguir una apariencia uniforme.

Brocha de rubor o colorete

Es ancha y arqueada para que puedas
depositar la cantidad justa de color donde más
lo necesites. Las hay más o menos grandes,
biseladas o no, pero todas están diseñadas
para facilitar la aplicación del color.

Pincel o brocha para iluminar

Su principal misión es delinear las facciones
del rostro. Es una brocha correctora que
se emplea para aplicar iluminador en polvo
sobre el pómulo para destacarlo. También
sirve para aplicar color en los contornos
de la cara y la punta de la nariz con el fin
de crear el mismo efecto que produce el sol.

PARA LOS OJOS

Pincel lápiz

Termina en una pequeña punta que te facilitará maquillar en detalle pequeñas zonas o ángulos, como el extremo del ojo o el pliegue entre el párpado móvil y el superior.

Pincel grande para sombra de ojos

Su forma es ligeramente redondeada (también se le denomina pincel de lengua de gato). Es perfecto para crear una base de sombra desde la línea de las pestañas hasta las cejas.

Pincel pequeño para sombra de ojos

Es el adecuado para crear un punto de luz, y situar la sombra de ojos en la parte inferior del párpado y desde la línea de las pestañas al pliegue del ojo.

Pincel sesgado para contornos

Recomendable para difuminar sombras. Proporciona contorno a los párpados. Con él alcanzarás la parte estrecha del interior y exterior de la esquina del ojo.

Pincel de esponja

Es el más común entre los no profesionales. Permite depositar más densidad de pigmentos de sombra en polvo sobre zonas específicas del ojo. Pero no te servirá para el difuminado.

Pincel para difuminar sombras

Es más ancho, de pelo más abierto y redondeado en su punta, lo que te permitirá difuminar sombras y fundirlas entre sí.

Pincel delineador

Indispensable para que puedas aplicarte el delineador en líquido de forma precisa, definida y exacta.

Pincel espiral o *goupillón*

Con él te aplicarás color en las pestañas. Sus formas son variadas, algunos incluso vibran para facilitar la correcta aplicación del producto. Su finalidad varía en función de su forma: espesa, alarga, aporta un aspecto natural, etc. Si lo prefieres de cerdas plásticas, recién incorporados al mercado, tendrás la ventaja de poder acercarte al máximo a la raíz; en su aplicación, a menor número de púas, más cantidad de producto, y viceversa.

Peine para pestañas

Es de plástico y de púas finas para poder separar bien las pestañas.

Rizador de pestañas

Será tu aliado para realzar las pestañas y conseguir que luzcan espléndidas. Además de los clásicos, tienes los térmicos, que permiten una mayor fijación en menos tiempo.

PARA LAS CEJAS

Pincel espiral

Te resultará muy útil para peinar, limpiar, dar forma y aplicar color sobre las cejas, bien sea máscara de pestañas o fijador. También se utiliza para peinar las pestañas.

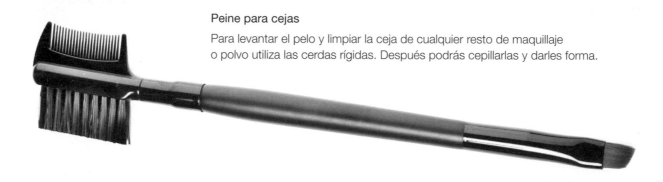

Peine para cejas

Para levantar el pelo y limpiar la ceja de cualquier resto de maquillaje o polvo utiliza las cerdas rígidas. Después podrás cepillarlas y darles forma.

Pincel pequeño biselado

Empléalo cuando quieras acentuar el tono debajo de las cejas resaltando o corrigiendo su forma.

PARA LOS LABIOS

Pinceles para labios

Generalmente los encontrarás sintéticos, aunque los naturales también ofrecen buenos resultados. Por norma general, son cortos, suaves pero firmes al tacto y pequeños, y los podrás emplear tanto para el difuminado del perfilador como para el relleno con producto labial, pues su textura hace que el cosmético penetre en los surcos naturales de los labios. Los encontrarás de forma redondeada o apuntada, dependiendo de si el producto para el que se van a utilizar es compacto (barra) o fluido (*gloss*), o de si los vas a emplear para diseñar el perfilado o difuminar el lápiz perfilador.

OTRAS HERRAMIENTAS

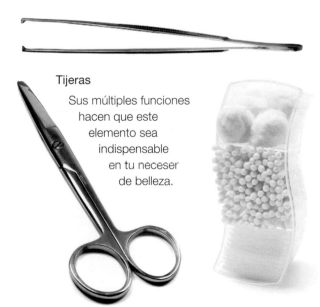

Tijeras

Sus múltiples funciones hacen que este elemento sea indispensable en tu neceser de belleza.

Pinzas depilatorias

No sirven para maquillarte, pero son imprescindibles para la depilación de cejas y para fijar pestañas postizas.

Algodón, pañuelos de papel y bastoncillos

Además de para desmaquillarte, estos elementos son necesarios para hacer pequeños retoques, secar pinceles, etc. Tendrás que tenerlos siempre a mano.

Sacapuntas

No lo confundas con el sacapuntas de papelería. Tendrá que se cosmético para que la mina de los perfiladores no se rompa, pues es mucho más blanda que el grafito.

PARA ELEGIR UN PINCEL…

Cuando vayas a comprar un pincel es muy importante
que te asegures de que tiene buena calidad
y no daña la piel. Los mejores son los de pelo natural,
aunque también hay sintéticos de gran calidad.

¿Cómo puedes probar la calidad de un pincel?
Lo aconsejable es utilizar la técnica
denominada en inglés *push and pull*,
que significa empujar y tirar. Primero
deberás empujar y tirar de la virola,
después del pelo. Si observas que
se desprende algún pelo significa
que las cerdas no están bien pegadas
a la virola, lo que supone que
terminará desintegrándose cuando
lo hayas lavado varias veces.

Otra técnica para
comprobar la calidad
del pincel es golpear
sus cerdas en
la palma de tu mano;
si vuelan algunos
pelos querrá decir
que no están bien
adheridos.

CÓMO MANTENER A PUNTO TUS ARMAS DE BELLEZA

Cuando uses los pinceles trátalos correctamente. Nunca tires del pelo o la virola; frícciónalos suavemente con la piel o el papel cuando vayas a limpiarlos; y no dobles el pelo, si no es necesario, para aplicar el producto cosmético.

Tenerlos a mano y ordenados es fundamental cuando te maquilles. La opción más cómoda es almacenarlos en vasijas, clasificados por tipo de pincel. También podrás guardarlos en las llamadas "mantas de pinceles", que a veces traen incorporadas unas cintas para que puedas anudarlas a tu cintura. Al enrollarse, las mantas protegen los pinceles pero el inconveniente es que deberás utilizar protectores para evitar que el pelo se estropee por el roce.

Deberás lavar los pinceles cada vez que te maquilles. Lo normal es hacerlo sobre la mano con agua templada y jabón suave. El mejor producto para conseguir tenerlos impecables es el champú capilar. Además, cada cierto tiempo, puedes aplicarles un baño de crema acondicionadora capilar y enjuagarlos correctamente.

[el cuidado perfecto]

Después de aclarar tus brochas y pinceles con agua limpia, tendrás que darles su forma original utilizando tus dedos.

Sécalos muy bien porque de ello depende, en parte, su buena conservación. No uses fuentes de calor, como secadores o estufas; lo ideal es que se sequen de manera natural. Sí es recomendable que elimines el exceso de humedad con ayuda de una toalla antes de dejarlos boca abajo en un recipiente para que escurran. También puedes dejarlos secar en posición horizontal sobre una toalla o un papel absorbente, pero nunca en vertical para que el pelo no pierda su forma; en vertical también se dañarían el mango y la virola, pues al humedecerse más de lo recomendable la madera podría pudrirse y la laca se fracturaría.